Bouw uw community voor succes

Inhoud

Invoering

Beloningen hebben het potentieel om een krachtig hulpmiddel te zijn om een gemeenschap te koesteren terwijl deze groeit, maar niet alle beloningen worden in gelijke mate gecreëerd voor degenen die gemeenschappen koesteren. U moet zich bewust zijn van de twee verschillende vormen van prikkels. Intrinsieke prikkels staan voorop. Deze techniek valideert de inspanningen van uw leden zonder iets tastbaars te sturen, in tegenstelling tot het verzenden van een echt product. Dit kan worden gedaan via bedankmails, toegang tot VIP-materiaal, openbare vermeldingen, enz. Het is minder waarschijnlijk dat leden bijdragen alleen maar om beloningen te ontvangen onder dit soort beloningsstructuur. Extrinsieke voordelen zijn de tweede. In dit scenario biedt u de leden van uw community tastbare items zoals swag en andere dingen.

Een succesvol bedrijf is een bedrijf dat genoeg inkomsten verdient om elk jaar winst te maken, om het simpel te zeggen. Het opbouwen van een ondersteunende gemeenschap rond uw merk, service of bedrijf is echter een tactiek die vaak nuttig is als bedrijfseigenaren dat succes in de loop van de tijd willen behouden. Dit stimuleert de loyaliteit en het enthousiasme van fans door uw consumenten de ruimte te geven om met u, uw personeel en andere klanten te communiceren.

Maar het creëren van een ondersteunende omgeving voor uw bedrijf vergt inspanning en een goed doordachte strategie; het gebeurt niet van de ene op de andere dag. Tien leden van de Young Entrepreneur Council bieden hun beste advies over gemeenschapsontwikkeling om te helpen.

Hoe creëer je een nieuwe gemeenschap?

Ik heb onlangs zes belangrijke lessen over dit onderwerp aangeboden. Maar ik ben me bewust van uw ware verlangens: een eenvoudige procedure. Hoe creëer je precies een community? Hoe ga je eraan beginnen? Wat zijn de procedures?

Ik heb ervoor gekozen om mijn methode voor het creëren van nieuwe communities vanaf nul aan te bieden, omdat ik deze vraag vaak krijg.

Deze stappen zijn gebruikt in elke succesvolle community die ik ben gestart. Ik heb ontdekt dat, of ze zich er nu van bewust waren of niet, de meerderheid van de enorme groepen die je vandaag de dag ziet, ook deze 10 stadia hebben gebruikt om gemeenschap te ontwikkelen.

DE BEHOEFTE AAN GEMEENSCHAP

Wat ons persoonlijk betreft, worden onze maatschappelijke belangen en ons algemeen welzijn sterk beïnvloed door ons gemeenschapsgevoel. Een groep mensen die gemeenschappelijke interesses delen, kan behoorlijk sterk zijn. Een bekend spreekwoord luidt: "Er is een dorp voor nodig om een kind groot te brengen." Als het eerder genoemde 'kind' een merk, hobby of organisatie zou zijn, zou het net zoveel waard zijn van de gemeenschap die het eromheen heeft gecultiveerd als van het product zelf. Tegenwoordig kan elk product, elke passie of elk bedrijf enorm profiteren van deze gemeenschap.

De gemeenschap in een zakelijke omgeving kan bestaan uit klanten, cliënten en beïnvloeders. Er wordt momenteel veel gesproken over "Influencer Marketing".

Hoe werken gemeenschappen?

In communities komen mensen samen om informatie, ervaringen en verhalen met elkaar uit te wisselen. Hierdoor voelen ze zich meer verbonden met degenen die hun hobby's of passies delen.

Je kunt al deel uitmaken van een community, zowel online als offline. Maar waarom is het zo uniek?

Het betrekken van uw klanten of andere geïnteresseerden in de diepere betekenis achter uw merk is het belangrijkste voordeel. Door een omgeving te creëren waarin individuen hun eigen gedachten, ervaringen en kennis kunnen inbrengen, helpt de gemeenschap hierbij. Het stelt u ook in staat om van uw merk meer te maken dan alleen een product of dienst, waardoor uw consumenten de essentie van uw bedrijf kunnen ondersteunen.

Koran Julie Wang over hoe je werkplekken gelukkiger kunt maken

Quran Julie Wang, een burgerrechtenadvocaat en bestseller van de New York Times, bespreekt hoe volgens haar werkplekken beter kunnen bijdragen aan het bevorderen van plezier.

Het vermogen van een organisatie om te floreren en haar doelen te bereiken kan aanzienlijk worden beïnvloed door de cultuur op de werkvloer. Bovendien kiezen veel managers ervoor om verder te gaan dan het verbeteren van de werkcultuur en in plaats daarvan een gemeenschapsgevoel te bevorderen dat een grotere betrokkenheid van werknemers aanmoedigt. Methoden bekijken om dit doel te bereiken, kan nuttig voor u zijn als u een manager bent die op zoek is naar manieren om teamleden te helpen bij het ontwikkelen van meer substantiële relaties op het werk. In dit artikel wordt uitgelegd hoe u een gemeenschapsgevoel op het werk kunt bevorderen en waarom dit zo belangrijk is.

Wat is een community online?

Online communities zijn gewoon gebieden waar mensen met elkaar omgaan. Online communities worden vaak ontwikkeld rond gedeelde waarden, overtuigingen of doelstellingen.

Uw bedrijfsdoelstellingen bepalen het soort gemeenschap dat u creëert. Voor deelnemers aan een fitness die is geprogrammeerd om kennis en transformatie-ervaringen te delen, kan een community voor een fitnessinstructeur lijken op een persoonlijke Facebook-groep. Voor een fotograaf kan het een openbare ruimte zijn waar duizenden mensen samenkomen, bronnen uitwisselen en commentaar geven op elkaars foto's.

Online communities, ongeacht het platform dat u gebruikt, zijn een effectieve manier om diepe verbindingen tussen uw volgers aan te moedigen, aangezien ze uw publiek de kans bieden om:

Creëer een afdeling Community Operations binnen uw team

De taken van een community operations manager omvatten het beheren, volgen en analyseren van de informatie over het volledige zakelijke effect van uw bedrijf. Experts op het gebied van community-operaties moeten continu zoeken naar manieren om procedures, tech-stacks en platforms te verbeteren vanuit het standpunt van zowel community-leden als het community-team. Men zou kunnen stellen dat een communitymanager aan de voorkant van de community werkt, inhoud levert, discussies modereert, enz. In marketing- of ontwikkelingstermen. De specialist in community operations werkt achter de schermen om ervoor te zorgen dat de datakwaliteit, integriteit, consistentie, metrics, tech stack, platforms, en dat ze allemaal samen en onafhankelijk functioneren.

Maak een ruimte die openstaat voor mensen om verbinding te maken

Hoewel het woord 'gemeenschap' tegenwoordig vaak wordt gebruikt, is één ding zeker: als je geen diepe banden smeedt tussen je volgers, heb je geen gemeenschap - je hebt een publiek. Het is van cruciaal belang om open communicatie tussen uw leden te bevorderen en een open discussie te bevorderen die niet noodzakelijkerwijs draait om u of uw bedrijf dat de agenda bepaalt. Houd er ook rekening mee dat een gemeenschap in wezen een menselijk verlangen is, aangezien individuen van nature erbij willen horen en het gevoel hebben dat ze erbij horen. Herinner uw gemeenschap er regelmatig aan hoeveel ze worden gekoesterd. Houd er rekening mee dat niets een face-to-face ontmoeting kan vervangen. Online communities zijn fantastische plekken om ideeën uit te wisselen en nieuwe kennissen te maken.

DE ESSENTIE VAN RELEVANTIE

Het delen van een gemeenschappelijk belang is fundamenteel voor wat gemeenschap is. Uiteindelijk verandert de fascinatie in de toepasbaarheid op de unieke omstandigheden van elke persoon en de organisator. Relevantie zorgt voor verbinding en gedeelde interesse tussen de partijen. Het biedt een brandpunt dat spreekt tot een wijdverbreide, universele behoefte of verlangen.

Individueel enthousiasme is onvoldoende. Zelfs als iemand geïnteresseerd is in een bepaald onderwerp, kan het moeilijk zijn om die interesse in de loop van de tijd vast te houden als ze er niet enthousiast over zijn. Heeft iemand het vermogen om een substantieel verschil te maken, ook al zijn ze enthousiast over een bepaald belang? Deskundigheid is niet hetzelfde als interesse.

Verbeterde klantloyaliteit en ondersteuning

Wanneer uw leden na verloop van tijd met u in contact komen, zullen ze een sterkere band met uw merk ontwikkelen. Klanten worden meer toegewijd aan uw bedrijf wanneer ze zich thuis voelen in gemeenschappen. Dit komt doordat deelnemers de mogelijkheid hebben om deel te nemen en hun ervaringen, gedachten en inzichten aan het gesprek toe te voegen.

Leden zullen het gevoel krijgen dat ze een eigendomsbelang in de gemeenschap hebben en dat het hun plicht is om het tot een succes te maken wanneer dit in de loop van de tijd vaker voorkomt. Dit kan ertoe leiden dat meer mensen uw goed of dienst promoten , wat helpt om bekendheid te geven aan wat u doet.

Waarom is het cruciaal om een gemeenschapsgevoel op het werk te bevorderen?

Om ervoor te zorgen dat alle interne belanghebbenden binnen een organisatiestructuur efficiënt samenwerken en vertrouwen hebben in hun respectieve verantwoordelijkheden, is het cruciaal om de gemeenschap op de werkplek te bevorderen. Het niveau van vertrouwen, respect, empathie en samenwerking tussen werknemers is vaak groter op werkplekken die met succes een gemeenschap tot stand brengen. In navolging van deze fundamentele principes zijn de volgende enkele specifieke voordelen die kunnen voortvloeien uit community building op de werkplek:

Ondersteuningssystemen: Werknemers die het gevoel hebben dat ze bij een gemeenschap horen, zijn misschien meer bezorgd over het succes en het welzijn van hun collega's. Bijgevolg zouden professionals in een dergelijke omgeving toegang kunnen hebben tot een hogere mate van ondersteuning van elkaar, wat hun stressniveau zou kunnen verlagen en hun productiviteit zou kunnen verhogen.

De voordelen van een lerende gemeenschap

Belangrijkste voordelen van leergemeenschappen zijn:

Sociaal leren : studenten kunnen in gemeenschappen leren door anderen te helpen en vragen te stellen.

Snellere reacties : in community's worden vragen sneller beantwoord zonder te wachten op een reactie van een instructeur.

Ideeën voor het maken van cursussen : Onze beste cursusontwerpers besteden veel aandacht aan eventuele vragen of problemen die studenten kunnen hebben. Ze gebruiken deze gegevens om nieuw cursusmateriaal of ander aanbod te genereren door te anticiperen op de vraag van hun studenten.

Cohort-gebaseerd leren : Cohort-leren bevordert het gewenste gemeenschapsgevoel onder studenten en verbetert tegelijkertijd de academische prestaties. Leden profiteren van een sterk netwerk van bondgenoten en een grotere verantwoordingsplicht.

COMMUNAUTAIRE ORGANISATIES: HOE BRENGEN JE VERANDERING?

Afhankelijk van waar u werkt en uw individuele doelstellingen, zijn er veel verschillende methoden om uw gemeenschap te organiseren. Elk van de strategiespecifieke secties die hierna komen, bevat meer grondige "how-to"-instructies.

Desalniettemin, wat uw einddoelen ook mogen zijn, sommige basisprincipes blijven in wezen hetzelfde. Daarom is wat volgt slechts een brede samenvatting om u aan te moedigen de essentie te overwegen.

U moet in de eerste plaats mensen betrekken bij uw gemeenschapsvormende activiteiten. Dit is waar het organiseren van de gemeenschap begint. U kunt dit op verschillende manieren bereiken, onder meer door middel van informele gesprekken, huis-aan-huiswerving en het gebruik van meer officiële wervingstechnieken.

Gemeenschap creëren als ondernemer

Zonder hulp van buitenaf kunnen drukke zakenmensen hun eigen eisen volledig negeren. Bovendien riskeert een merk zonder verbinding met een schare fans zijn doel uit het oog te verliezen.

Voor een ondernemer kan gemeenschap betrekking hebben op twee dingen:

een team van betrouwbare collega's, familieleden, familie of andere bedrijfseigenaren die ondersteuning, kritiek en suggesties bieden om uw bedrijf goed te laten draaien.

een groep merkondersteuners en klanten die online met elkaar verbonden zijn door een gemeenschappelijk belang.

Beide soorten gemeenschap zijn essentieel voor het succes van een ondernemer. Het hebben van een focus en een extern gezichtspunt kan de eerste groep helpen om verbonden te blijven met de buitenwereld. Je goede vrienden en familieleden kunnen je openhartige kritiek geven zonder betrokken te zijn.

Gebruik memes, GIF's, emesis en citaatafbeeldingen.

Het gebruik van GIF's, emoticons, citaatafbeeldingen en memes - die allemaal het vocabulaire van de sociale mediaruimte vormen - is een soms genegeerde techniek om een gemeenschap te creëren. Uw materiaal wordt interessanter, herkenbaarder en deelbaarder als het op de juiste manier wordt behandeld, en uw merk wordt vertederend. Last but not least voelen fans zich speciaal als je ze exclusieve promoties aanbiedt. Door hen te belonen voor hun toewijding en betrokkenheid, geeft u uiting aan uw bezorgdheid voor deze gemeenschap. Dit is een fantastisch voorbeeld van hoe je gedrag op een positieve manier kunt versterken, en het resulteert bijna altijd in verbeterde merkaffiniteit en blijvende klantloyaliteit.

Toptactieken om de betrokkenheid van de gemeenschap te vergroten

Kunt u een lijst maken van tactieken voor gemeenschapsbetrokkenheid die voor u succesvol zijn geweest of enkele successen die u hebt behaald tijdens uw werk bij The Alliance? Zoals ik net al zei, content is altijd een belangrijk onderdeel geweest van dat engagementaspect en zal dat ook blijven. Laten we, voor wat achtergrondinformatie, zeggen dat we ongeveer zes maanden na de introductie van onze eerste community, Product Marketing Alliance, niet echt betaalde artikelen hebben geleverd. Om ervoor te zorgen dat wanneer we die betaalde goederen hadden, mensen dat vertrouwen en respect voor ons zouden hebben, gaven we alleen maar gratis blogs, rapporten, podcasts, whitepapers en webinars.

Voordelen van een community in B2B

Online communities maken het gemakkelijker voor en bevorderen de interactie tussen uw consumenten en uw bedrijf. Uw bedrijf zal hier op verschillende manieren baat bij hebben, waaronder minder supporttickets, meer klantbehoud en de mogelijkheid om nieuwe productideeën te genereren. Neem als voorbeeld de B2B-softwareleverancier Infoland. Door hun community erbij te betrekken, konden ze de klantenservice aanzienlijk verbeteren en maar liefst 40% van hun ondersteuningsvragen omleiden.

Dus, heb je overwogen om zelf een community te starten? Hier zijn onze top tien suggesties om te beginnen.

Hoeveel tijd is hiervoor nodig?

Alles is ingesteld op uw situatie. We willen dat uw tijd in de gemeenschap de moeite waard is in termen van de relaties die u aangaat, de lessen die u opdoet en het geld dat uw bedrijf als gevolg daarvan zal verdienen.

Als je voor het eerst lid wordt, raden we je aan om elke week een paar uur vrij te maken om de informatie door te lezen. Je kunt het alleen doen of via een live leerervaring. Na je eerste vier weken spreek je onze taal en kun je begrijpen hoe je kunt profiteren van de gemeenschap en activiteiten terwijl ze plaatsvinden.

Op de lange termijn raden we aan om, ook in hectische periodes, vier keer per jaar deel te nemen aan ons seizoensplanningsevenement en één keer per maand naar Kantooruren te gaan.

Als je een verschil probeert te maken in de wereld , weet je dat het een nooit eindigende strijd is - een strijd die je kan uitputten, zelfs als je baan lonend en bemoedigend is. Je hebt misschien wat tijd nodig om een stapje terug te doen, te ontspannen en op adem te komen in een ruimte waar je je kunt uitspreiden en in de verte kunt kijken.

Als reactie daarop hebben we de Windfall Resident Programmer gemaakt. Het dient sinds 1989 als een oase van verjonging en toevluchtsoord voor degenen die zich inzetten voor sociale verandering. Ons belangrijkste doel is om mensen te respecteren en te ondersteunen die hun tijd en moeite besteden aan het bereiken van een meer gelijkwaardige samenleving. Als je hard hebt gewerkt en een stap terug moet doen om te beoordelen

Het is eenvoudiger dan je zou denken om een sterke merkgemeenschap te creëren.
Deze fantastische brand communities hebben allemaal de eigenschap zich bewust te zijn van de zorgen van hun doelgroepen. Deze 8 bedrijven hebben een community gecreëerd die gericht is op het helpen van hun consumenten om die idealen waar te maken door middel van een uitgebreide en bevredigende merkervaring met deze kennis aan het roer.

De grootste merkgemeenschappen ter wereld geven hun leden de middelen om andere gelijkgestemde mensen in het verhaal van het merk te betrekken, de inspiratie om ze betrokken te houden en de kracht om de liefde zo ver mogelijk te verspreiden, of het nu gaat om beloningen, speciale evenementen, door gebruikers gegenereerde inhoud zoals nieuwsbrieven of merkadvocaten.

Er is niet veel grotere gemeenschap dan dat!

Wees benaderbaar en vriendelijk.
Maak jezelf benaderbaar, adviseert Heather Nix, directeur marketing. Directe connectiviteit met uw gemeenschap en consumenten geeft u een voordeel ten opzichte van meer gevestigde bedrijven terwijl u net begint. Vertel een relevant merkverhaal en zet uw gezicht voor uw bedrijf.

U kunt als eigenaar van een klein bedrijf verschillende verantwoordelijkheden op u nemen, zoals klantenservice verlenen en sociale ondersteuning bieden. Houd er rekening mee dat uw vroege merksupporters cruciaal zijn voor de ontwikkeling van uw community. Communitymanager Molly Milosevic raadt bedrijven aan om de tijd te nemen om hun fans op sociale media te leren kennen en te ontdekken wat ze naast hun product nog meer van hen nodig hebben.

Online communities kunnen interpersoonlijke relaties en klantervaringen aanzienlijk verbeteren. Ze dienen vooral als forum voor kennisuitwisseling tussen mensen. Klanten kunnen vragen of problemen hebben die de lokale bevolking kan beantwoorden, dus dit is vooral handig voor bedrijven die ingewikkelde goederen en onderscheidende diensten leveren.

Daarnaast leveren internetcommunity's bedrijven nuttige input. Merkmanagers kunnen waardevolle informatie verkrijgen over de voorkeuren van klanten door routinematig met de gemeenschap in gesprek te gaan en om feedback te vragen om strategische keuzes te maken die de ervaringen verbeteren.

Een gevoel van verbondenheid kan ook worden gevonden in online groepen. Klanten voelen zich vaak meer verbonden met het bedrijf en zijn idealen als ze deelnemen, wat de loyaliteit en het geluk vergroot.

Zorg voor een forum voor gebruikers met verschillende standpunten.

Als uw bedrijf een delicaat of controversieel onderwerp behandelt, moet u dit op een kalme manier benaderen door barrières voor miscommunicatie uit de weg te ruimen en werknemers te inspireren om open te staan voor nieuwe ideeën en meningen.

Dat is de missie van Daily als platform voor de religieuze gemeenschap. Er bestaan tegenstrijdige religieuze overtuigingen tussen mensen, zelfs binnen dezelfde religie, wat kan leiden tot gespannen debatten en diepere miscommunicatie. Wel biedt de website gebruikers de mogelijkheid om op constructieve wijze hun religieuze overtuigingen en opvattingen met elkaar te delen, zodat iedereen verschillende religies beter kan begrijpen.

Best practices voor het bouwen van communities

Wat zou je beste advies zijn voor mensen die een community willen vormen? Wees tolerant. Het zal niet onmiddellijk plaatsvinden. Die zal niet binnen een paar maanden plaatsvinden. Het duurt even voordat het is voltooid. In het begin lijkt het misschien ontmoedigend. Het kan lijken alsof je in het niets praat wanneer je probeert de betrokkenheid van de gemeenschap te vergroten. De meerderheid van de mensen stopt er op dat moment waarschijnlijk mee, omdat ze denken dat het tijdverspilling is en er geen voordeel voor hen uithaalt. Maar als je het de eerste paar maanden niet volhoudt, bouw je nooit een zelfvoorzienende samenleving op.

Gebruik effectieve community-building technieken

Het bouwen van een succesvolle communitystrategie vereist drie belangrijke componenten: meer verkeer genereren, contentproductie promoten en nieuwe gebruikers activeren. Het opnemen van links naar uw community op uw website, in e-mailnieuwsbrieven en op sociale media kan het verkeer vergroten en gebruikers aanmoedigen om lid te worden. Download ons gratis eBook over cruciale community-integraties voor verder advies over hoe u het verkeer naar uw community kunt vergroten. Ten slotte zal het verbeteren van de SEO van uw community-inhoud de hoeveelheid organische consumentenontdekking aanzienlijk vergroten.

Zijn er eventuele subsidies omdat ik dit niet kan betalen?

Ja! We moedigen u aan om een aanvraag voor een beurs in te dienen als u een gemeenschapsbedrijf ontwikkelt, maar de volledige lidmaatschapsprijs om welke reden dan ook een belemmering vormt.

Er zijn twee varianten:

De andere is bedoeld om de diversiteit in onze cohort te vergroten door mensen van kleur, mensen buiten het binaire geslachtsspectrum en anderen die ondervertegenwoordigd zijn in het ondernemerschap aan te moedigen zich bij ons aan te sluiten. De eerste beurs is op behoeften gebaseerd en is bedoeld om iedereen met financiële nood te helpen, inclusief degenen die in een deel van de wereld wonen met een lagere koopkracht.

Zodra je toestemming hebt gekregen om lid te worden van BACB, kun je een aanvraag voor een beurs indienen.

De geest concentreren

Heb je ooit problemen gehad om je inspanningen te concentreren op wat belangrijk is?

De waarde die elk lid van uw gemeenschap ontvangt door deel uit te maken van een levendig netwerk van mensen die samenkomen om samen iets fascinerends of belangrijks onder de knie te krijgen, kan worden gegenereerd door een online gemeenschap te creëren. Deze waarde is magisch, levensbevestigend, merkbevestigend en passiebevestigend.

In een wereld vol eindeloze afleidingen waar niemand tijd heeft om iets nieuws te leren, is deze focus geweldig.

Plan uw doelstellingen.

U moet eerst een goed begrip hebben van uw doelen voordat u een marketingplan kunt ontwikkelen. Het bouwen van een online community is hier niet anders. Sommige mensen gaan er misschien van uit dat het maken van een community heel eenvoudig is. Planning is echter essentieel, anders loop je het risico een gemeenschap te hebben die niet betrokken is en geen daadwerkelijke prestaties behaalt.

Wees zo gedetailleerd mogelijk bij het stellen van uw doelen. Dit zal u helpen te begrijpen wat u als bedrijf moet bereiken en het soort materiaal en activiteiten dat u voor uw leden moet produceren.

Enkele van de doelstellingen waarmee rekening moet worden gehouden, zijn het ontwikkelen van oprechte relaties, bewustmaking, het helpen van gebruikers met het product, het verkrijgen van feedback, het verhogen van de klanttevredenheid, het verhogen van de verkoop, enz.

De behoeften van uw gebruikers .

Houd bij het maken van een online community rekening met de vereisten van uw gebruikers en met de redenen waarom uw organisatie deze nodig heeft.

Wat zoeken individuen wanneer ze lid worden van een gemeenschap? Wat zijn hun vooruitzichten? Contact opnemen kan worden aangespoord door een behoefte aan gezelschap, insiderinformatie of oplossingen voor een probleem.

Het geheim van het succes is het opbouwen van een community die van uw gebruikers is, niet van u. Hoewel u hiervan zult profiteren, moeten uw gebruikers - en hun vereisten - op de eerste plaats komen om te slagen. U kunt echter uw organisatiedoelstellingen combineren met wat uw consumenten nuttig zullen vinden.

Gratis online gemeenschappen

Er zijn "gratis" platforms zoals Facebook en Twitter die aspecten van een gemeenschap bieden, maar het gebruik ervan heeft voor- en nadelen.

De gratis beschikbaarheid ervan voor consumenten en met een bestaand publiek is een aanzienlijk voordeel. Met andere woorden, zolang u het onderzoek doet om te bepalen wie op dit platform u wilt bereiken, kunt u een account aanmaken, inhoud ontwikkelen en deze gratis onder uw volgers verspreiden.

Het nadeel is echter dat u uw gemeenschap niet echt "bezit" en dus onderhevig bent aan de keuzes die deze bedrijven maken over hoe het platform uw materiaal naar anderen verspreidt. Het inhoudsalgoritme verandert net wanneer u het platform waarop uw community vertrouwt onder de knie heeft.

Het publiek kennis laten maken met de bedrijfscultuur

Het uitbreiden van uw waarden en cultuur naar de mensen die verondersteld worden te profiteren van uw product - de mensen die u wilt dienen - is een van de doelen van het creëren van een gemeenschap rond uw merk.

Vraag Holly hoe een adviesbureau is opgericht door Holly Howard dat ondernemers de middelen geeft die ze nodig hebben om uit te breiden terwijl ze hun missie naleven. Ze benadert consulting vanuit een cultuur-eerst-perspectief, en als ze het over gemeenschap heeft, gebruikt ze de volgende vergelijking.

"We willen de bedrijfscultuur zien als de basis [...] Het dient als de basis, al het voedsel en de bron van stabiliteit, volgens Holly.

Een gemeenschap moet veranderen en verbeteren.

Men kan een gemeenschap niet "instellen en vergeten". Er zijn momenten waarop uw geprogrammeerde extra categorieën of zelfs een nieuwe functionaliteit nodig heeft. Het is cruciaal om mee te veranderen met je gemeenschap als je het voor iedereen spannend en plezierig wilt houden. Voor oudere leden kunt u meer niveaus, badges of nichecategorieën aanbieden. Je zou betrouwbare mensen kunnen verheffen tot een leidinggevende positie.

U en uw bedrijf zouden op weg moeten zijn naar succes als u het volgende recept volgt. Heb je nog meer succesadvies? Reageer erop om ze te delen!

U wilt inhoud produceren, geen dialoog.

U kunt de nieuwe verhalen, concepten en ervaringen gebruiken die u verzamelt door een online community op te zetten in uw blog, contentmarketinginspanningen, wekelijkse e-mailnieuwsbrieven, het maken van boeken of online cursussen. In werkelijkheid maakt een community schrijven voor jezelf eenvoudiger omdat het je meer inhoud biedt.

Het opbouwen van een online community levert je echter misschien niet dezelfde energie, opwinding of inspiratie op als voor andere artiesten als je vindt dat schrijven je meest gelukkige plek is (gevolgd door het tellen van de open rates of pageviews). Bij een community komt immers veel meer kijken dan alleen posten.

Selecteer een platform voor uw online community.

Je hebt een locatie nodig waar je online community kan samenkomen. Er zijn verschillende benaderingen die u hier kunt volgen. Een groep maken op een bestaande social media site is de eerste optie. De meest typische keuze is om een Facebook-groep te starten.

Aangezien veel van uw klanten deze sociale netwerken al gebruiken en ze eenvoudig te gebruiken zijn, is dit de eenvoudigste route.

Een andere keuze is om je eigen forum te starten. Dit forum kan een onderdeel van uw website zijn of een aparte website. Het feit dat je meer controle hebt over analytics, data en leden is een voordeel van deze aanpak. Omdat het echter geen onderdeel is van een bekend platform voor sociale media, moet u er meer reclame voor maken.

Platformgerelateerde problemen

Bruikbaarheid: tools die eenvoudig te gebruiken zijn, worden vaker gebruikt. Zorg ervoor dat uw platform toegankelijk is vanaf een mobiel apparaat, eenvoudige navigatie heeft en eenvoudig is om in te loggen.

Betaalbaar geprijsd: veel krachtige communitytools hebben een vergoeding, zelfs als het uw doel is om de groep gratis te maken voor leden. Denk na over een tool die redelijke instapkosten heeft, geen verlaging van uw inkomsten oplevert en kan meegroeien met uw bedrijf naarmate het groeit.

Afstemming van doelen: Nadat u enige tijd heeft besteed aan het onderzoeken van de grondgedachte achter het bestaan van uw groep, moet u een goed idee hebben van de kenmerken waarmee u uw doelstellingen kunt bereiken.

Communityplatforms waarvan u de eigenaar bent

Daarna komt het eigen platform, zoals een communityforum. Alle voordelen van een social media-platform zijn beschikbaar in deze ruimte, die wordt beheerd door het bedrijf. U heeft echter veel meer controle en vrijheid over hoe u omgaat met uw gebruikers. U kunt bijvoorbeeld een eigen community beheren als u een blog of website start met een forum of commentaarruimte voor uw bezoekers.

Een eigendomsgemeenschap heeft voor- en nadelen, net als vrije gemeenschappen. Laten we deze keer beginnen met het nadeel: vanuit het oogpunt van het publiek begin je helemaal opnieuw. Eigen community's bieden u meer controle over de berichtgeving voor uw bedrijf, maar voordat klanten zich bewust zijn van uw community,

Betrek uw personeel bij het bevorderen van een gevoel van gemeenschap en cultuur

Zonder uw personeel erbij te betrekken, is het onmogelijk om uw bedrijfscultuur te laten groeien. Het zal een uitdaging zijn om de cultuur van uw bedrijf over te brengen aan een publiek als uw werknemers niet instemmen.

"De externe gemeenschap en de interne bedrijfscultuur moeten elkaar weerspiegelen

[...] Medewerkers kunnen naar mijn mening geen ervaring bieden die ze zelf niet hebben gehad. Daarom moeten we ervoor zorgen dat we intern dezelfde ervaring geven als we verkopen deze ervaring aan onze gemeenschap, zegt Holly Howard.

Kelly Phillips, mede-oprichter van het restaurantcollectief Destination Unknown, steunt het idee om een fantastische interne cultuur op te bouwen die bijdraagt aan uw externe gemeenschap door actief de cultuur van de servicemedewerkers in haar etablissementen te veranderen.

De volgende fase is het opstellen van een fundamenteel plan over hoe u de gewenste waarde kunt produceren nadat u deze hebt gedefinieerd. U moet een fundamentele strategie ontwikkelen die schetst hoe u leden kunt betrekken, welke onderwerpen u moet benadrukken, hoe u kunt leren van en verbeteringen kunt aanbrengen in de vele activiteiten die u gaat doen. Elke strategie of elk plan moet echter snel en eenvoudig te implementeren zijn. Hoewel je realistisch moet zijn en urgente volgende acties moet kiezen die je helpen je hypothese te verifiëren en de gemeenschap te bevorderen, moet je je ogen gericht houden op het grote geheel (de overkoepelende visie).

Een merkcommunity: wat is het?

Een merkgemeenschap is, om het simpel te zeggen, de belichaming van merkloyaliteit. Mensen die emotioneel bij uw bedrijf betrokken zijn, zullen bij u kopen, uw materiaal lezen, het nieuws over u verspreiden onder hun vrienden en familie, en meer.

Merkbekendheid is echter niet hetzelfde als een merkgemeenschap.

Iemand is niet automatisch lid van een geëngageerde of zelfs betrokken merkcommunity alleen maar omdat ze op de hoogte zijn van uw merk of er een aankoop bij hebben gedaan.

In plaats daarvan bestaat uw merkcommunity uit individuen die graag kijken naar alles wat uw merk doet, die uw producten/diensten en inhoud met anderen delen en die al uw materiaal op sociale media volgen.

Bied een platform voor uw gemeenschap

U hebt een platform nodig waar u uw boodschap kunt overbrengen, evenals een locatie waar uw gemeenschap kan samenkomen, communiceren en communiceren met zowel uw start-up als met elkaar terwijl u uw prelaunch-gemeenschap opricht.

Sociaal is een duidelijk voorbeeld. Voor elke startup is het ontwikkelen van een sterke aanwezigheid op sociale media essentieel. Dit kan een merkspecifiek social media-kanaal zijn, of je kunt beginnen met het cultiveren van je community op je persoonlijke social media-accounts.

De volgende socialemediaplatforms kunnen worden gebruikt: Facebook-groepen, Reedit en subedits, Integra, Interest, Twitter en YouTube. Maar niet elk sociaal netwerkplatform is gelijk gemaakt. Interesse is bijvoorbeeld misschien niet ideaal als uw bedrijf zich voornamelijk op jongens richt.

Conventies variëren afhankelijk van het publiek.

Er kunnen ook bepaalde gewoonten zijn voor een bepaald publiek, wat de zaken alleen maar ingewikkelder maakt.

Een recente kandidaat zei dat de betrokkenheid drastisch was afgenomen na de overstap van Discourse naar hun gekoppelde Salesforce-platform. In plaats daarvan waren ontwikkelaars een door leden gehost Slack-kanaal gaan gebruiken.

Waarom vond dat plaats?

Discourse biedt functies waar ontwikkelaars de voorkeur aan geven en waarmee ze meer vertrouwd zijn, omdat het beter is voor ontwikkelaars. Ontwikkelaars maken vaak gebruik van Discourse, en deze praktijk wordt algemeen aanvaard. Natuurlijke neigingen zijn doorgaans sterker dan die van u, dus u zult waarschijnlijk verliezen.

Vergelijkbaar hiermee heb ik onlangs een game-ontwikkelaar ervan weerhouden een forum op te richten waar spelers konden samenkomen en spreken. Simpel gezegd, gamers komen daar niet meer samen. Ze houden van Reedit, Discord en andere locaties.

Zoek een doel waar alle leden het over eens kunnen worden.

De eerste stap bij het creëren van betrokkenheid het hele jaar door, is het definiëren van een gevoel van doelgerichtheid dat elke dag van het jaar klopt.

De chief product officer van Notified, Allie Magyar, begon als vergaderplanner. Vervolgens richtte ze haar eigen bedrijf op het gebied van evenemententechnologie op en werkte ze samen met Notified. Ze verklaarde in een recent webinar dat samen met de American Marketing Association werd georganiseerd: "Als marketeers zitten we vaak vast in het midden tussen wat ons bedrijf wil communiceren en waar klanten echt in geïnteresseerd zijn. "We moeten bepalen waar die twee snijden."

Voordat je de kruising van de twee snelwegen probeert te vinden, onderzoek je de vele toeschouwers die achter het stuur zitten.

Er is een merkgemeenschap die haar leden ten goede komt.

Managers zien vaak over het hoofd dat klanten echte individuen zijn met uiteenlopende eisen, interesses en verplichtingen. In plaats van inkomsten te genereren, ontwikkelt een op de gemeenschap gebaseerd merk klantloyaliteit door klanten te helpen aan hun eisen te voldoen. In tegenstelling tot wat marketeers zouden denken, gaan de vereisten waaraan merkgemeenschappen kunnen voldoen echter verder dan alleen een nieuwe persoonlijkheid opzetten of prestige verwerven via merkidentificatie. Mensen sluiten zich om een aantal redenen aan bij gemeenschappen, waaronder het ontwikkelen van interesses en vaardigheden, het krijgen van emotionele steun en aanmoediging en het zoeken naar methoden om het grotere goed te helpen. Merkgemeenschappen zijn een hulpmiddel voor leden, geen doel op zich.

Waarom is Workplace Community belangrijk?

Waar gaat het allemaal over als mijn team tevreden genoeg lijkt en we op schema liggen om onze doelen te bereiken? Het is een uitstekende vraag. Op het eerste gezicht lijkt alles in orde, maar graaf een beetje dieper, en vaak is de situatie heel anders. Meer nog in hybride teams waar computerschermen een belemmering kunnen vormen voor het bevorderen van werkgemeenschappen.

Volgens een studie van Cigna zegt een derde van de Amerikaanse werknemers een gevoel van leegte of vervreemding op het werk te hebben. De peiling geeft informatie over de invloed van eenzaamheid op ondernemingen. Het bedrijfsresultaat wordt ernstig beïnvloed door verminderde productiviteit, toenemende ziekte, ziekteverzuim en personeelsverloop. De conclusie van het rapport luidt: "Als we succesvoller kunnen omgaan met individuen op het werk.

Moedig deelname aan

Moedig gesprekken aan en verhoog de betrokkenheid via verschillende platforms als een andere strategie om een community voor uw merk te creëren. Social media is een heel krachtige tool en een fantastische methode om te communiceren met de fans van je bedrijf. Om de gemeenschap te laten groeien, kunt u opiniepeilingen en wedstrijden houden of een wekelijkse of maandelijkse nieuwsbrief verspreiden onder emailabonnees. Ze kunnen op de hoogte blijven van alles wat er in uw bedrijf gebeurt en tegelijkertijd ook plezier hebben op deze manier.

Stel je een buurt voor als een boom . Om de boom te laten groeien, moet je elke dag de zaden planten en voor de wortels zorgen. De zaden zullen gewoon verdorren zonder enige zorg of water.

Online communities bestaan al een tijdje. Een definitieve referentie over de stapsgewijze procedure voor het opschalen en uitbreiden van een community ontbreekt echter.

Overal is informatie te vinden, maar tot op de dag van vandaag heeft niemand echt door hoe je een gemeenschap moet ontwikkelen.

Er zijn verschillende factoren die een rol spelen bij het creëren van een succesvolle community, waaronder het selecteren van het beste platform, het werven van de eerste paar leden, het houden van evenementen en moderatie. We hebben alles gedekt.

Vergeet niet dat YouTube een sociaal netwerkplatform is.
Het is eenvoudig om ten onrechte naar YouTube te verwijzen als alleen een website die video's host, door te geloven dat het uitsluitend om video's gaat.

Het zou onjuist zijn om YouTube door zo'n lens te bekijken, vooral als je een community wilt creëren.

Je moet in gedachten houden dat hoewel mensen YouTube kunnen bezoeken voor inhoud, ze vaak terugkeren naar een bepaald YouTube-kanaal in ontwikkeling voor het gevoel van gemeenschap en verbondenheid als je succesvol wilt zijn in het creëren van een socialemediagemeenschap op het platform.

Net als op elk ander social media-platform, is het vaak mogelijk om dit gevoel van gemeenschap en verbondenheid te meten door te kijken naar interactie in plaats van naar meningen.

Waarom virtuele gemeenschappen de voorkeur verdienen boven sociale netwerken

Mensen keren zich om verschillende redenen af van sociale netwerken zoals Facebook, waaronder de verspreiding van nepnieuws en aanzetten tot haat, privacykwesties en advertentiemoeheid.

Slimme bedrijven hebben kennis genomen van deze ontwikkeling en hebben exclusieve communities ontwikkeld waar gebruikers in een veilige omgeving met elkaar kunnen communiceren en diepere relaties kunnen opbouwen. Talrijke bedrijven zijn zelfs gestopt met het gebruik van Facebook voor hun advertenties, zoals Levi's en Hershey's, wat de trend onderstreept om zich niet meer op sociale netwerken te richten.

Een schat aan onderzoek toont zelfs aan dat online communities bedrijven een aanzienlijk concurrentievoordeel kunnen bieden. De lancering van hun netwerk hielp de fabrikant van elektrisch gereedschap DEWALT om $ 6 miljoen aan onderzoekskosten te besparen.

Waarom een merkcommunity creëren?

U kunt op zoveel manieren vooruitgang boeken met behulp van een merkgemeenschap. Het is in de eerste plaats het geheim van effectieve marketing. Leden helpen niet alleen bij het verspreiden van het woord, maar geven uw verhaal ook een menselijk tintje. Ze geven de gemeenschap een persoonlijk tintje en laten anderen zien dat ook zij er deel van kunnen uitmaken.

Ten tweede krijgt u direct toegang tot de mensen die er echt toe doen: uw doelgroep. Uw merkgemeenschap kan worden gebruikt om nieuwe goederen of diensten uit te testen, feedback te krijgen over ontwerpconcepten en beter onderbouwde, klantgerichte keuzes te maken.

Het is cruciaal om in gedachten te houden dat er ergens al een community voor uw merk bestaat.

Bepaal uw doelstellingen.

U moet doelstellingen creëren voor uw hele bedrijf, niet alleen voor SEO, inhoud of sociale media, in de hoop dat u het beu bent om mij het op dit punt te horen herhalen. Deze doelstellingen dienen als de hoekstenen van de strategie en richting van uw bedrijf (niet alleen in termen van marketing of maatschappelijke betrokkenheid).

U kunt grote, gedurfde doelstellingen voor uw bedrijf stellen die meer visionair zijn, evenals beter beheersbare kortetermijnprojectdoelen die u in gedachten heeft voor het creëren van dingen, het bouwen van dingen en gewoon in het algemeen om dingen te doen die u graag zou willen doen. Combineer de twee. U kunt deze taken organiseren en prioriteren wanneer u bij de sectie komt wanneer u uw strategie maakt.

Hoe kan ik er reclame voor maken?
Behandel uw gemeenschap zoals u elk ander product zou behandelen en maak een stappenplan voor toekomstige verbetering.

Ik geloof hartstochtelijk in het benutten van het vermogen van gemeenschappen om een gemeenschapsgevoel te bevorderen en delen aan te moedigen. Daarom denk ik dat het cruciaal is om dat centraal te houden bij het creëren van een gemeenschap. Mensen zijn meer geneigd om het nieuws te verspreiden en mensen voor je zaak te werven als ze het gevoel hebben dat ze erbij horen.

Ik heb bijvoorbeeld ooit als vrijwilliger bij Techs tars gediend als organisator en Global Facilitator, waarbij ik Startup Weekends over de hele wereld organiseerde of faciliteerde. Mijn eerste interesse in bedrijven en technologie kwam van deelname aan mijn eerste Startup Weekend jaren geleden.

Het behouden van hun deelname is van cruciaal belang nadat u leden in uw online gemeenschap heeft . Dit kan vele verschillende vormen aannemen en zal ook afhangen van de motivatie van het individuele lid om deel te willen nemen en actief lid te willen zijn. De basis van effectief online community management in een onderzoeksomgeving is om uw leden een breed scala aan activiteiten te bieden. Al deze acties grijpen terug op de doelstelling die je hebt voor de buurt en je bredere onderzoeksprojecten. Je maakt enquêtes die de leden in het centrum kunnen invullen. Een van de eenvoudigste methoden om uw leden te betrekken, is via dit.

Maak gebruik van sociale media.

We houden allemaal van interactie met vergelijkbare individuen, en de toegankelijkheid en het bereik van sociale media hebben het voor ons mogelijk gemaakt om onze stammen zowel in binnen- als buitenland te lokaliseren. Bovendien krijg je zin om met iemands materiaal om te gaan als je contact met ze maakt.

Ouders kunnen elkaar volgen voor hun leuke verhalen en opvoedingsadviezen. Fitnessliefhebbers delen hun trainingsplannen en favoriete kledingfabrikanten. Foodies bevelen restaurants aan en delen verrukkelijke recepten met andere foodliefhebbers. De lijst gaat maar door.

Social media is het ideale platform om een sterke community te creëren, omdat gebruikers daar al betrokken zijn bij deze subculturen. Dus pas je aan waar je publiek is.

Kwaliteit moet voor kwantiteit gaan

Stel een reeks kwaliteitsnormen op en houd u eraan. Hoewel het de uitbreiding van de gemeenschap kan vertragen , is dit in ieders belang. Bovendien bevordert het een gevoel van exclusiviteit. U kunt de kwaliteitsfactor vaak gebruiken als ondersteuning voor de promotie van uw gemeenschap. Dat betekent natuurlijk dat u af en toe nee moet zeggen. Als dit gebeurt, wees dan beleefd en leg uw beslissing in detail uit. Het opstellen en handhaven van kwaliteitsnormen is een essentieel onderdeel van ons dienstenaanbod en voor de consultants in onze gemeenschap, aangezien we actief zijn in de adviesbranche.

Maak gebruik van merkambassadeurs

Zonder het budget te overschrijden, kunnen merkambassadeurs evenveel publiciteit voor uw bedrijf genereren als influencers. Uw merk kan miljoenen gratis vertoningen ontvangen dankzij de door gebruikers gegenereerde inhoud die uw toegewijde volgers kunnen bieden, terwijl uw gemeenschap enorm wordt uitgebreid. De consumenten van vandaag vinden het leuk om met hun favoriete bedrijven om te gaan en ze te promoten op sociale media. Bovendien laten ambassadeursprogrammeurs uw meest fervente supporters uw bedrijf en uw items namens u promoten. Deze toegewijde klanten krijgen vaak voordelen zoals een welkomstpakket met merkartikelen, de mogelijkheid om hun beoordelingen op sociale media te plaatsen en de mogelijkheid om prijsvragen te organiseren. In ruil helpen zij uw bedrijf groeien.

Verhoog de levenslange waarde van elke klant

In het huidige tijdperk van klantgerichte organisaties hangt het succes van een bedrijf sterk af van het vermogen om klanten te behouden.

Veel bedrijven geloven nog steeds dat opwelling en praten met de klant in e-mails de loyaliteit zou vergroten. Terwijl het bouwen van echte verbindingen op basis van vertrouwen juist is waar loyaliteit om draait.

Private virtuele communities stimuleren positieve verbindingen tussen collega's en merken.

Klanten kunnen het pad van het bedrijf door klantengemeenschappen beïnvloeden door meningen en gedachten over goederen en diensten uit te wisselen. Dit versterkt uw relatie met hen en vergroot hun loyaliteit doordat ze een bondgenoot en cruciaal onderdeel van uw bedrijf worden.

Overweeg de juiste platforms
Het vinden van de beste platforms om uw plan uit te voeren, kan worden gedaan nadat u de basis ervan hebt gemaakt. Er zijn hier verschillende opties beschikbaar, waaronder:

Sociale media zijn de beste plek om een merkcommunity te creëren, of je nu je eigen merkprofiel gebruikt of een groep start. U kunt snel door gebruikers en merken gegenereerde inhoud delen, conversaties starten en een algemene buzz verspreiden binnen de gemeenschap met het potentieel voor een enorm bereik.

Prijzen en verwijzingen: Moedig loyaliteit aan door prijzen uit te reiken, zoals punten voor aankopen of exclusieve deals en kortingen voor leden. Het geven van een financiële stimulans voor elke verwijzing is een andere manier om gemeenschapsgroei te bevorderen.

Voer elke actie in de stap uit.

Begin aan je plan te werken nu het geschreven is. Zorg ervoor dat de juiste tracking en meting aanwezig is, zodat u informatie kunt krijgen over uw KPI's. Houd je dan aan je plan en handel consequent. Mensen uit je team (en uit andere teams) zullen je blijven benaderen met ideeën die lijken op te komen maar niet echt deel uitmaken van het plan. Dit is je kans om ze te vertellen "de doelen te controleren, schat" (evenals de strategie die je hebt ontwikkeld om daar te komen). Er zullen situaties zijn (tijdgevoelige situaties) waardoor u mogelijk uw actieplan moet wijzigen.

Bedrijven die uitblinken in maatschappelijke betrokkenheid

Hoewel ik niet veel bedrijven community's heb zien creëren die vooral worden geleid door productmanagers, heb ik er verschillende gezien die uitstekend zijn in het op verschillende manieren contact maken met hun fans.

Het woord "gemeenschap" heeft tegenwoordig een breed scala aan betekenissen. Ik classificeer bijvoorbeeld podcasts, blogs en discussiefora als online communities. Net als traditionele persoonlijke groepen moedigen ze interactie aan, brengen ze een dialoog op gang, motiveren ze actie en bevorderen ze delen.

Hier zijn verschillende bedrijven die fantastische communities hebben ontwikkeld, die elk zijn afgestemd op de voorkeuren en eisen van hun eigen publiek:

De volgende fase in een beheerplan voor online community's is om uw community te blijven laten groeien . Je hebt een community opgebouwd en bent sterk betrokken. Als je het aantal leden vergroot, weet je zeker dat je altijd nieuwe ideeën van leden hoort. Het houdt uw community levend en actief en voorkomt dat deze na verloop van tijd muf wordt. Zelfs de meest succesvolle gemeenschappen maken tijden van uitputting door waarin ze hun gemeenschap opnieuw moeten opbouwen en nieuwe leden moeten binnenhalen. Om ervoor te zorgen dat je de kennis blijft opdoen die je nodig hebt voor je studie, is het cruciaal om hiermee door te gaan en dit op te nemen in je plan voor het beheer van je online community.

Spreek de taal van uw gemeenschap

Elke gemeenschap heeft een stichtend lid. Je zou de beste burger in je buurt moeten zijn. U zult hun eisen niet kunnen begrijpen en hen echte diensten met toegevoegde waarde kunnen bieden als u niet begrijpt hoe de potentiële leden van de gemeenschap handelen, denken en voelen. Gezien mijn eigen expertise als onafhankelijk adviseur, was het een stuk eenvoudiger om een netwerk van hen op te bouwen. Ik was in staat om de moeilijkheden van het consultant zijn buitengewoon goed te begrijpen en mijn eigen ervaringen aan dialogen toe te voegen.

Elke gemeenschap is uiteraard uniek en het beheer ervan moet zich op de juiste manier aanpassen, maar het maakt niet uit wat voor soort gemeenschap u wilt creëren, u moet hun taal leren.

Gebruik branded community-platforms voor meer controle.

Het eerste dat in je opkomt als mensen denken aan het creëren van een online community, is om sociale mediaplatforms als hun platform te gebruiken; ze hebben echter een aantal beperkingen, daarom verdient het de voorkeur om merkgemeenschapsplatforms te gebruiken. Hoewel ze gratis zijn en de voordelen bieden van zoekopdrachten tussen verschillende diensten, geven sociale netwerkdiensten zoals LinkedIn en Facebook je niet de volledige controle over de website, wat betekent dat advertenties en andere berichten een afleiding kunnen vormen. Branded community-platforms, zoals Thinfic, worden volledig beheerd door de eigenaren, die volledige controle hebben over branding, toegang en het plaatsen van inhoud. Bovendien hebben merkplatforms niet de afleiding die gebruikelijk is bij gratis platformen.